AF275566

# CRONOMAQUIA

Juan Gaitán

Colección ites

CRONOMAQUIA

© Juan Gaitán Cabrera
© Diseño e ilustración de portada: José Aguilar.
www.joseaguilarilustrador.com
© de esta edición: Olé Libros, 2024

ISBN: 978-84-10053-12-0
Depósito legal: V-286-2024
Impreso en España

KALOSINI, S. L.
Grupo editorial olélibros
equipo@olelibros.com
www.olelibros.com

*¿Has visto algunas pisadas de los días?*
FRANCISCO DE QUEVEDO

# I

Quizás ya lo he perdido todo
y mis palabras son solo
una oración dada al olvido,

pero, si mañana me indultara el azar
y pudiera comprar el tiempo que falta,
como quien paga el rescate de un cautivo,
lo gastaría todo en sol y silencio.

Es una cuenta sencilla.
A estas alturas he muerto ya
la mayor parte de mi vida
y antes de decir adiós quiero tener,
como en aquellos días azules,
pájaros serenos entre las manos.

## II

Cuando se acerca el verano
con sus días iguales a siglos,

y han regresado los vencejos,
y el mar es de los niños,
y queda más cerca la alegría,

quisiera abandonarme
a la gracia del silencio
y entender
la sorpresa infinita de la nada.

## III

De entonces recuerdo
que tenía siempre las manos frías,
que la luz no estaba en equilibrio,
que la noche era vertical,
que una prisa voraz
me escamoteaba el sueño
y que yo quería ir más hondo,
al sur de mi silencio.

Hablo por mí, no tengo más datos.
La mañana es una soledad
y también el pasado se termina.
Entonces siempre parece un pájaro
con un dolor desconocido.

## IV

Creo que el olvido es blanco,
como cualquier modo de inocencia,
y que la muerte es azul y ya ha llegado,
porque es un presente continuo
y no un suceso futuro.

Y que la vida es
una inexpugnable incoherencia
porque no entenderemos jamás
el sistema de orden que usa el tiempo.

Y que los caminos se echan,
cansados, en mitad de cualquier sitio.
Y que fui un niño una vez un verano.
Y que a veces arde la noche
y toda la esperanza.

## V

Como quien pasa con el verano a cuestas
y mira hacia la casa y se estremece,
y sabe que está triste
porque ya no es un niño
detrás de los visillos,
resguardado allí del fuego de la calle,
de su violencia de chicharras,
un niño que construye, en la penumbra,
la dorada placidez de su futura nostalgia.

## VI

Un paño de hilo,
un violetero sin agua
y sin violetas sobre el aparador,
y el recuerdo de un árbol
en la foto de mi infancia.
En sus ramas más altas
reverberaba una luz que se ha perdido.
Ya no están el árbol ni el niño,
y la memoria es un silencio gris
que ya no tiene flores nuevas.

Pasan sin sombra los pájaros de la tarde.

## VII

Ardidas todas las rabias,
cumplidos todos los encargos,
limpio y cansado.
Irse así,
con todos los pedazos recogidos,
habiendo pájaros todavía.

## VIII

La última muchacha del verano
arrebuja en la toalla
un repentino escalofrío.

No es otoño todavía,
pero se le han oxidado
los azules a la tarde
y la luz cae sobre la arena
como una hoja de cobre.

Es hora de volver.
No hay nada más que echar al fuego.

## IX

La vida es un fuego crónico,
una espuma incandescente
que renueva sus lumbres
con un estrépito de violetas,
de deseos en vilo,
de iras y silencios.

Hoy llega otro otoño.
Tengo ya un bosque de adioses
y todo sigue estando muy lejano.

## X

Todavía tenía sentido
«el pan nuestro de cada día»,
y olía bien el agua de colonia
que compraba a granel
en la tienda de Vicente.
Estaba nueva la maletita marrón
en la que llevaba los libros al colegio
y me hacía sentir más mayor
el sorbo de Pico Plata
que me permitían en mi santo.
El cine matinal sabía a chocolatinas
y, si tirabas piedras al aljibe,
se despertaba la voz azul del agua.

Octubre no es un buen mes
para pensar en el futuro.
Solo tengo en los bolsillos
monedas perdidas.

# XI

Ocurre de vez en cuando.
Buscando un libro
que el tiempo ha extraviado
aparece de pronto la antigua agenda
que has guardado tantos años.
Y te detienes a ojear
sus páginas pobladas de muertos
y después de la nostalgia
comprendes que eres tú
quien se ha muerto
todas esas veces,
y que en otras agendas es tu nombre
el que se ha extraviado en el tiempo,
y que es a ti a quien le hace señas
la leve aflicción de lo fugaz.

## XII

Dedicar la tarde a la calma,
a aplazar lo que exige
la atroz vehemencia de lo inútil.
Recorrer despacio la playa,
ajeno a toda sombra,
perdonarse la abandonada rebelión,
y confiar en que la desmemoriada arena
olvide pronto tus pasos.

## XIII

Tiene la tarde una humedad descuidada
que agranda el silencio.
Ha llovido todo el día y la luz parece venir
de un sol sumergido.
La mano líquida de la tarde
fabrica así un tiempo inconsciente
e ingenuo,
un tiempo inexplicable
en el que la luz y el silencio se sonríen,
como dos espejos que se miran.

## XIV

Así es siempre el día,
ir de un lugar a otro,
de una voz a otra,
esquivando las tragedias,
los desiertos,
los pedazos rotos
de este lado del tiempo.

A veces, en las interrupciones,
reviso la prisa y te escribo
(esta voluntad mía de quererte).

Y cada vez que escribo
traiciono a ese hombre que me habita,
a ese ser silencioso
que hace inventario de la luz,
que sueña la genealogía del mar,
que vive en el tierno desorden del amor,

y que espera paciente a que llegues
para perdonarle al mundo su aspereza.

## XV

La mayor cualidad del tiempo
es la paciencia.
Va ovillando el olvido
con la seda de tus días
y solo te queda
la urgencia de un poema
para llevarle la contraria,
para hilar en él,
en su leve latido,
lo que encubre
la inmensa soledad de la memoria.

## XVI

La luz llega con retraso a la mañana.
Una soledad honda,
desvelada,
va tropezando conmigo.

Escribo versos
como venidos del mar.

Nada queda.

Se llega siempre a esto.
Está completo el invierno.

## XVII

En la lengua luminosa del agua,
en el dios al que rezan los jazmines,
en la quietud de las barcas hundidas
y en la serena piel de los veranos.

En la luz temblorosa de la tarde,
en la desnuda oscuridad del deseo,
en la pequeña razón de la llama
y en el hueco entre tu mano y mi mano,

se posa, como dormido,
el silencioso tiempo.

## XVIII

Escribo ahora que la mañana
no ha entrado aún en el cuarto,
que hay un rumor limpio,
como de agua que cae,
aleteando en la penumbra.

Porque todo es más liviano
en la madrugada:
las razones del mundo,
la anomalía del amor,
esta sed como de ceniza.

Porque de pronto comprendo
que hay horas
en las que vuelvo a tener seis años
y nada sé de la muerte.

## XIX

Es lunes y azul.
Amanece.
Por un feble hilo de luz
se derrama el día.

Afuera, tras los cristales,
el tiempo contradice
el obtuso oficio del horario.

Y es fácil intuir
que nada permanece.
La vida ocurre ahora,
en este instante,
y lo demás existe solo
en el eco menguante del recuerdo.

## XX

Tiembla todavía la noche en sus azules.
Ningún pájaro se atreve aún al canto.
Nada hace sombra en el mundo,
todo espera a la mañana.
Áridas áreas de la noche.
Horas de casi nada.
Acaso el fuego.

## XXI

Entonces, en los días azules,
con frecuencia me sentaba a escuchar
la luz del mediodía,
todavía sin saber
que todas las horas lindan con la muerte.

Y a descubrir que una línea bermeja,
como de sangre oxidada,
idéntica a la que hiere el azul
cuando nace la mañana,
se abría con cada palabra.

De aquel tiempo casi todo lo he perdido.
Pero vuelvo a veces la cabeza,
esperanzado,
por si mi niñez sigue cantando
aquel verano en que bailaron las acacias.

## XXII

Está atareada la mañana
tejiendo tanta luz.

La comba del tiempo
se intuye en el silencio
(el silencio siempre parece
la estatua de un ángel).

Mañana de verano.
La vida detenida un instante
en tu aliento,
con un temblor de río dormido.

Bandada de hojas al borde del vuelo.

## XXIII

Hay un momento de la infancia,
allá por los nueve, diez años,
en que de pronto te sientes
con fuerzas para la soledad.

En aquellos días
en que fui por vez primera
capitán de mí mismo
cogía la orilla de las vides
cuando el poniente
venteaba la sal,
el mar llamándome
con su voz de amigo,
y cruzaba los campos
hasta encontrar
mis huellas en la arena.

Sí, hubo una vez
un niño y un verano,
un mar y un silencio,
un modo perfecto de felicidad.

El tiempo es siempre un campo de batalla.

## XXIV

Con frecuencia
se me deshilvana el sueño
y ando despierto
a esa hora,
en ese momento
en que la oscuridad pesa,
todavía,
en los árboles
y en la página del mar.
Es esa hora,
ese momento
en el que el silencio se estanca
y parece que el tiempo respira,
cansado.
A esa hora,
en ese momento
en que aún no han surgido en la ventana
las otras ventanas,
y la noche mece,
todavía,
sus horas en la penumbra,
me siento al final de la habitación
y te espero.

## XXV

Creo que del corazón del mar nace el silencio,
y que en algún lugar del tiempo se conserva
la palabra transparente del niño que fui.
Y que la luz entra más tarde en una casa vacía,
y que no hay poema que no hable de sí mismo,
y que siempre hay una sombra sobre la palabra *bondad*.

Creo que el pasado es la huella de un animal que vuela,
y que envejecen mejor los días del verano,
y que también las ventanas se asoman a nosotros,
y que, cuando yo me haya ido, alguien gastará mi futuro.

Y creo que me moriré al atardecer, con el sol ya caído,
y que después solo seré piel, y mirada, en tu memoria.

## XXVI

Hay un tiempo dentro del tiempo,
un silencio dentro del silencio,
una tristeza dentro de la tristeza
y un olvido dentro del olvido.

Y dentro de ese tiempo,
de ese silencio,
de esa tristeza
y de ese olvido,

está la nada esperando
llenarlo todo.

## XXVII

La luz de la mañana
desabotona el silencio,
lo expande
sobre el atareado desorden de la mesa,
sobre la tibia armonía de la rutina,
sobre la codicia de mi tristeza.

Sin embargo,
entre la luz y el silencio
quedan huecos insaciables,
terrones de vacío
que siguen habitando
aquel tiempo,
lo que ya se ha perdido.

## XXVIII

Si yo quisiera algo,
no ahora,
para cuando
se me canse el tiempo,
sería un ventanal
por donde entrara
el levante,
la luz de la tarde,
las pisadas de la gata.

Si quisiera algo
para ese día
en que a mi tiempo
le alcance su sombra,
además del aroma azul
de las acacias
y el silencio transparente del mar,
pediría, egoístamente,
una miga más de ti.

## XXIX

Arde en el mar el tiempo.
El invierno desciende
sus últimos peldaños.

Cae a plomo el silencio,
la mañana,
la sombra translúcida del aire.

No hay espacio aquí para morir.
En este instante soy eterno.

## XXX

Un pájaro cruza la tarde.
Viene de entonces,
de aquella orilla
donde mi niñez soñó
ese mismo vuelo.
Entonces todo era azul,
como solo los pájaros
consiguen ser azules,
y estaba por venir,
aún, la vida.

## XXXI

Tropiezo hoy con un recuerdo.
Yo era aún muy joven
la primera vez que fui a Londres.
De allí me traje
(en un libro que casi nadie ha leído
y que ya ni siquiera sé si escribí)
un poema sobre un jardín,
un parque cerrado donde
el tiempo habitaba detenido.
No dije entonces algo que temí decir
(vuelvo a confesar que era muy joven)
y que regresa hoy con el poema perdido,
una inscripción hallada en un reloj:
*It's later than you think*
(es más tarde de lo que crees)
y que era, en realidad,
un precipicio.

## XXXII

En otro tiempo tuve
flores de acacia entre las manos,
el eco líquido del aljibe,
el perrillo aquel que me seguía.

No sé qué tengo ahora para dar.
Robar a las palabras un acento,
hacer de él el latido del poema, y
esperar que alcance
para calmar el frío.

## XXXIII

Me viene a la memoria
un atardecer antiguo.
Había una moneda en el agua.

Quizás perdida por un remero de Ulises,
emergía del tiempo
brillando en la transparencia de lo azul.

Lejos se oía
el grito repetido de los pájaros.

## XXXIV

El tiempo es vertical e invulnerable.
No comprende la palabra *nunca*,
confía en los infinitos
horizontes del olvido
y cree que el universo es
la suma de la muerte,
todos sus precipicios.

Se autorretrata,
decimal,
en los relojes de arena.

## XXXV

Se me ha parado en la puerta
la luz del verano.
La luz, a veces, actúa así,
se demora un rato ante mi casa,
pasa las horas
echada sobre el limonero
y se va luego,
hablando siempre de sí misma,
quién sabe a qué otra puerta,
a qué otra rama,
a qué otro tiempo.

## XXXVI

Un aleteo de luz y, de pronto,
todo desemboca en un haz de silencio.
Empieza a descender el día.

La tarde se proclama violeta,
el tiempo apura sus quehaceres.

Se queda sola la noche en su desnudez.

## XXXVII

El reloj,
el espejo,
la marea,

son retratos,
estatuas,
relieves del tiempo,

pero no,
no son el tiempo.

## XXXVIII

La luz no conoce
los instrumentos de su muerte.
Pierde los mares en un oleaje
y luego no le queda más remedio
que calcular el tamaño del olvido,
seguir el rumbo de las sombras
y dejar un rastro
de violetas tiradas en el camino.

## XXXIX

El azul sin arrugas del tiempo
en el verano lentísimo del sur.
La arena busca
la intimidad del pie descalzo
mientras la tarde deja
el cuerpo de la luz en nuestras manos.

## XL

Si se pudiera olvidar
igual que se cierran los ojos,
lo mismo que se calla...

Si *nunca* fuese de verdad al tiempo
lo que *nada* es al espacio,

si te concedieran la risa
y la luz
y el perdón.

Si el equilibrio  se  alcanzara
siguiendo los pasos azules del viento,
imitando la armonía de los espejos,

pondría todo lo pasado detrás del mar
y sabría qué hacer con la tristeza.

## XLI

Yo era un niño todavía
y la luz también lo era.

El cielo pesó sobre el mar,
bailó el sol sobre el agua.

Algo se fue
y se hizo hueco en mí.

El tiempo cambió de forma,
había terminado el verano.

## XLII

Atardece la soledad.
Su oscuridad mastica el nombre de los días.

Como una hoja en el fondo del río,
he sentido sobre mí su largo peso.

El tiempo tañe el silencio.
El mar es un espejo que mira.

## XLIII

La estrategia del tiempo es esa,
llevárselo todo y dejar a su paso,
solamente,
un silencio oscuro.

Se trata de eso, sí,
del tiempo.
Solo él se queda donde está,
inmóvil en la lluvia,
en el centro de una tarde de domingo,
irreversible.

Lo demás viene y va con su marea.

Vivir es eso, una pelea contra el tiempo,
cronomaquia.

## XLIV

Es después de haber vivido
cuando empiezas a sospechar
que nunca sabrás qué es la vida.

Y es entonces cuando,
mínimamente,
intuyes que, si es algo,
que, si algo fuera la vida,
tiene que estar próximo a esto,
a este temblor
ante la orilla blanca de la infancia.

## XLV

No lo niego,

a veces pasa por mis manos
el silencio,
una vereda de arena sin huellas,
y soy yo quien la recorre.

Y soy yo quien se sienta
ante las horas,
las malas horas de una luz
que no cunde,

y aguarda
frente a los pájaros,
entre los pétalos,
a que acabe la tristeza.

## XLVI

Tiene esta mañana de noviembre
una luz dormida
sobre la que el otoño
desata sus mensajes,

una luz rendida
que sabe
que, si no tiene interrupción,
no es habitable el infinito,
que a todo lo define su final,
y que solo el tiempo,
arena contra arena,
queda a salvo de sí mismo.

## XLVII

Inaugura la mañana
el orden inocente
con que tañe el tiempo sus horas.

Como un pájaro atrapado
en una casa ardiendo,
vuela la luz.

## XLVIII

En otro tiempo tuve una acacia al sol,
un par de días repetidos,
los dos de verano,
y un camino sin raíces
que llevaba al silencio.

Ahora casi todo lo he gastado.
Solo me quedan cuatro palabras leves
para nombrar cosas sencillas,
la certeza de que el invierno
sube sus primeros peldaños
y la de que la oscuridad
es la forma más pesada de soledad,
un animal sonámbulo
que no cabe en ningún sepulcro.

## XLIX

La luz de esta mañana
viene de una cantata de Bach.
Nadie,
ni siquiera otra luz,
tiene una piel más serena.
La luz de esta mañana,
en la breve plenitud de su armonía,
se desprende del tiempo
y camina, ligera, conmigo.

## L

Todo arde en el tiempo
entre el mar y la tarde.

Es invierno
y la luz tiene el color
del viento ensimismado
que pastorea,
suave,
la arena,
su soledad,
mi silencio.

## LI

No, no sé hasta dónde
el frágil roce del azul
me conduce de la mano.

Pero sé que es en el silencio
donde concluye la huella,
donde todo se abre al deseo
de buscar el dorso de la noche.

No, no sé hasta dónde
ni con qué afán,
pero sé que empieza,
entre la luz y el vuelo,
cuando nace el olvido.

## LII

Es esta luz,
la desnuda luz de marzo,
vagando por la mañana,
íntima de los tejados
y de las acacias.

Conozco sus pasos.
Es esta luz,
la fresca luz de marzo,
la que hoy ha regresado,
impaciente por avivar
la lenta ondulación de la esperanza.

## LIII

Conozco las ceremonias de la luz,
sus pasos esperados
por los peldaños del día.

Sé que deshago el tiempo
igual que él me deshace a mí,
apresurado.

También sé que el centro de la noche
es frío como el centro de la plata,

y que siempre despierto antes
que el silencio,

y que tengo dos o tres palabras leves
aún para cantar.

Y memoria de árbol.

## LIV

El silencio tiembla
en la luz ácima de la mañana.

El  tiempo,
sentado en el mar,
pide un poco más de tiempo

y acerca sus manos al fuego.

## LV

Veinte mil ochenta y nueve
claridades después,
en tus manos es muy honda ya
la sombra blanca del tiempo.

No falta mucho
—¿en qué medida se mide
lo que resta de silencio?—,
un par de recodos más
desandando el camino
y aquella luz última del día
que inauguró tu mirada
volverá a recogerte.

## LVI

Lo juraban,
pero también en eso me engañaron.
No era cierto,
no se aprende gran cosa con los años.

Acaso habré aprendido
a mirar a la hondura del silencio,
a dar a la luz nombres desabridos
y a saber que es en mí mismo en quien pienso
cuando pienso en el vacío.

## LVII

La desnudez de esta luz
(quizás ya lo he contado)
viene de mi infancia
a devolverme
el camino entre las jaras,
el mar lento del sur,
el sabor a moras de la tarde.

Vuelvo la mirada
y no reconozco el paisaje.

Después de tanto tiempo,
tal vez ese niño
ni siquiera fui yo.

## LVIII

Tomo en mi mano la piedra.
Lleva años aquí,
sobre la mesa en la que escribo.
Debe tener miles, millones de años.
Es sin duda más vieja que cualquiera
de las cosas que me rodean.
Ha sobrevivido a Homero,
a Virgilio,
a Onetti,
y me sobrevivirá a mí
y a cualquier cosa que yo escriba.
Y, sin embargo, no es más que una piedra.
Algo invisible en cualquier playa,
en cualquier camino.

## LIX

Hay un desierto entre el niño y yo,
un tramo de tiempo
que imita al vacío.

Lo que se ve desde aquí
es el agua salobre
que bebe el olvido.

La memoria del niño inclina la tarde.
«Es hora de volver», le digo,
pero ya no me escucha.

## LX

Entre este lunes y yo median distancias.
Su luz sigue
la dirección del verano,
rumbo al norte,
y a mí me pide aún la piel
un poco más de azul
encendiendo el mar.

Es fácil la nostalgia.
El tiempo siempre hiere lo querido
y tras de sí solo deja
la desnudez inacabable del olvido.

## LXI

Hay a veces un instante,
un latido,
en que sientes que el tiempo
madura entre tus manos.
En ese resplandor transparente,
lo percibes,
cabe la eternidad.

Pero poseer la eternidad
es un deseo avaro.
El tiempo es infinito
porque no es de nadie.
Todo cuanto se hizo de tiempo
se hizo también de vacío.

## LXII

Alguna vez,
al final de la tarde,
cuando el viento se echa
y la luz columpia sobre el azul
un tenue haz violeta,

justo antes de que la sombra
proclame el revés del día,

en el vacío que deja su vuelo
de pájaro insomne
he creído comprender el tiempo.

## LXIII

Esto será el olvido.
El tiempo dará la vuelta
y no la dará conmigo.